AIMÉE DANDOIS

AU PLUS CREUX DU SILENCE

Poésie

Pierre Turcotte Éditeur
Collection Magma Poésie

Dépôt légal - Bibliothèque et Archives nationales du Québec,
Bibliothèque et Archives Canada, 2023.
ISBN : 978-2-925219-31-6

Sommaire

Au plus creux du silence

À la faveur de rencontres, lors de la découverte de lieux de culture, parfois sous d'autres cieux, la poète Aimée Dandois, au fil des jours, y détecte, lorsque tout se tait, un instant, une émotion, une source inépuisable d'inspiration.

Au plus creux du silence émerge sa création. Ensuite, s'engage une profonde réflexion, suivie d'une dynamique incessante d'écriture où bataillent les mots, s'harmonise le texte, s'impose le rythme.

Et comme apothéose, s'exprime finalement le poème.

« Il y a des
moments
où les mots s'usent
et le silence
commence à raconter »

Khalil Gibran

À la tombée du crépuscule
l'âtre ne murmure plus
il se terre du tumulte

dans l'absence
se vident les bruits
s'immisce la solitude

En un tournemain
s'orchestre le désarroi
dans l'inanité des lieux

Tout s’affadit
s’estompe le mirage nocturne
libère l’ombre d’une esquisse

à n’être rien
se dissout le tain
s’affole l’écriture

Le silence abat
la carte des dictionnaires
brise l’iceberg des hésitations

Des tours de Babel s'érigent
au cœur de la cité des mots
où se revit la mort des termes

L'auteur en perd la clé
persiste l'énigme
le doute s'installe

Rien ne peut survivre
après le départ suspect
où s'égare le réel

Appelée à la rescousse
la cohérence exilée
vilipende les neurones

Peine perdue

arrachements

tortures

sous l’effort

tétanisent

la main

Aucune saison ne revit
les instants nébuleux
des attentes au sablier

Sans dessus dessous
l'esprit demeure impuissant
à déjouer les enjeux

Ses papillons trépignent
au gré de la transhumance
des synapses

Mais au cœur des silences
s'escarmouchent les mots
au sein des lexiques
périmés

Un gibet se dresse
pour les incongruités
où ferraillent les verbes

Aucune main tendue
seul le silence de glace
brûle le parchemin

Le poète mutile son stylo
l'encre se noie
assassine le texte

Tandis qu'à l'orée du matin
la rumeur ravive la ville
sous un vibrato de klaxons

roule le train-train du jour

le poète rêveur

s'isole

et hésite

Ses anciennes pages
        regorgent
                de vague à l'âme

jadis
        propice
                aux éclairs de génie

Sous les yeux lourds
de l'écrivain
neigent

soudainement des mots

et
tel

l'
o
is fou
eau

il en redessine la graphie

Nostalgique

sa page surgit

par-delà ses fenêtres d'oublis
il en surjette les mots

de gouffres d'ombres

Sous le vent de l'inspiration
tombe la cascade de questions
se resserre l'étau

P Q
A I U
N E

Recherche de rythme
ébréchure de plis
nécessite le dire

L’angoisse porte la main à la bouche
cœur de tsunami
au vent inspirant

Au mi-temps du texte
à l'orage intérieur
s'entrechoquent les idées

Les signes à la rescousse
du terme perdu attaquent
le nœud gordien

Dans un hochement de tempes
lors de l'accroc
s'immisce un ultime adagio

Sous l'odeur des mots
tremble la main
s'humecte l'iris

Poète tu ne pleures plus seul
lorsqu'un mot t'écharpe
au cœur d'un poème

il s'agit d'une échappée fortuite
un malentendu
qui subrepticement se glisse

Ton œil sensible ressent la détresse
chez l'ami en proie au désarroi
et tu souffres sa douleur

Tu marches sur les os
des laissés pour contre
d'un monde qui s'écartèle

Tu dénonces les inégalités
des sols incultes
où la parole est muette

ton chant d'apatride résonne
sur les flots migrants
où s'absente la terre humaine

Tu ne cesses d'interpeler les géants
qui glanent cette planète
aux pas du glas de la vie

Tu aimes les mots
même ceux qui minent les maux
et tu les berces

Dans tes rêves
tu espères un monde meilleur
où chacun aura droit de cité

tu élucides les ombres
dissèques les lueurs
des contradictions

La musique de tes mots se souvient
du chantre qui s'alarme
dans un miserere

Et tu n'es jamais seul
lorsqu'on se penche sur tes mots
et qu'on en partage le malaise

Au cœur des jours en fuite
que tu veux retenir
réside tapis dans l'ombre
le

r
a
v
i
n

de la

d
i
s
t
a
n
c
e

Toujours accablé par l'obsédant raté
du mot mort à ta mémoire
tu en dissèques la racine

Supplice perpétuel
d'une goutte d'eau salvatrice
qui se détourne

Le silence parle
dans l'albâtre des musées
où dialoguent les chefs d'œuvres

soif de partage

regards avides de collectionneurs
ou
avec
le crayon inquisiteur
du bellâtre des beaux-arts
du poète
du quidam qui déambule

Se creuse aussi cette distance
          avec le visiteur
où le contact ne s'invite pas

seuls les pas résonnent
au cœur du silence sépulcral

Émotion transmise
ou choc brutal

toiles
sculptures
ou
i
n
s
t
a
l
l
a
t
i
o
n
s

tout se déploie au regard

de l'esthète
du touriste
ou de
l'écrivain

Et le silence parfois se rompt

Sur un banc au milieu de la pièce
esquisse d'un croquis près d'un flot de bavards

où de ces quelques mots échappés
le poète en teinte sa réflexion
ou bien
sous le bruit des pas
s'évade

son propos

Les mots s'usent
à ne plus être
et le silence l'exprime

Un regard parle davantage
lorsque la phrase s'épuise
et laisse s'envoler la pensée

Le verbe expire
lors de moments d'absence

L'attente martèle l'angoisse

L'horloge demeure fidèle
au rendez-vous manqué
où l'abonné s'exile

les minutes avalent les heures
et se rythment intrusives
du qui ne peut plus dire

Le dé roule au ralenti
sur la gamme les jours
ébrèche le calendrier

Un voile d'embrun envahit l'auteur
l'écran s'opacifie
le geste fuit la main

Peu d'espoir à l'horizon
afflige le monologue
se tait la parole

naît le poème

À propos de l'auteure

Aimée Dandois Paradis est détentrice d'un baccalauréat en sciences expérimentales de l'université de Paris et d'une maîtrise en littérature française de l'Université de Montréal. Née, le 23 mars 1934 en Gaspésie, province de Québec. Professeur, vice-présidente de La fondation lavalloise des lettres. Membre de nombreux jurys littéraires. A été présidente de la Société des Écrivains Canadiens (maintenant la Société des Écrivains Francophones d'Amérique), directrice des Prix de l'EFA et a été membre du jury de poésie, du roman et de l'essai. Est membre du jury de poésie des Cégeps depuis plusieurs années.

A été journaliste. A fondé Les Éditions Lavalloises en 1986. A conçu et réalisé la Première Nuit de la Poésie à Laval en 1986. Conceptrice et réalisatrice de spectacles de poésie et conseillère aux arts littéraires au Gesù, à Montréal, de 1994 à 2007 et en 2012, a conçu et réalisé une soirée hommage à Louky Bersianik, célèbre écrivaine féministe décédée le 3 décembre 2011.

Anime des ateliers littéraires à Laval auprès des jeunes et des adultes.

A publié de la poésie : *À corps et à cris* (1998), *Sang des mots* (2004), *Cris de silence cils de l'aurore* (2007) (traduit en anglais à Toronto: *Cries of silence on the fringes of dawn*, 2009), *Vie en berne* (2011) et *Brumes d'enfance* (2014). Ces recueils ont parus chez CIDIHCA. Ont parus plusieurs récits dans des collectifs : *Une île en mots, Laval se livre* (2005). *Château bizarre* (2010), *L'île en mémoire* (2015). Des poèmes dans des collectifs et en revue : *Portrait de famille* (2015), *Cartes postales : Vu des rives* (2017), *Le littéraire de Laval, Brèves, Arcade, Le Sabord*. Elle a publié un texte analytique dans la nouvelle revue *Femmes de paroles* en 2021. A paru en

France : *Le temps à ma fenêtre* aux éditions Cap de l'étang (2022).

Fait partie de 4 anthologies au Canada : Anthologie des écrivains lavallois d'aujourd'hui (1988), La moisson littéraire (1983), Arcade : les voix féminines (1996).

Membre de L'UNEQ, SLL, R.A.P.P.E.I, Membre honoraire de SEC. Fondatrice de l'Association de Création Littéraire Lavalloise, Présidente et fondatrice des Éditions Lavalloises. Elle a reçu le premier prix en poésie des ADES, et celui du consulat du Mexique à Montréal.

De la même auteure

À CORPS ET À CRIS, Centre International de Documentation et d'information Haïtienne, Caribéenne et Afro-canadienne (CIDIHCA) (1998)

SANG DES MOTS, Centre International de Documentation et d'information Haïtienne, Caribéenne et Afro-canadienne (CIDIHCA) (2004)

CRIS DE SILENCE CILS DE L'AURORE, Centre International de Documentation et d'information Haïtienne, Caribéenne et Afro-canadienne (CIDIHCA) (2007)

CRIES OF SILENCE ON THE FRINGES OF DAWN, Centre International de Documentation et d'information Haïtienne, Caribéenne et Afro-canadienne (CIDIHCA) (2009)

VIE EN BERNE, Centre International de Documentation et d'information Haïtienne, Caribéenne et Afro-canadienne (CIDIHCA) (2011)

BRUMES D'ENFANCE, Centre International de Documentation et d'information Haïtienne, Caribéenne et Afro-canadienne (CIDIHCA) (2014)

LE TEMPS À MA FENÊTRE, *Éditions Cap de l'étang* (2022)

AU PLUS CREUX DU SILENCE, *Pierre Turcotte Éditeur* (2023)

Chez Pierre Turcotte Éditeur
Collection Magma Poésie

Nadège BROUSTAU
Prendre son pays pour un cheval

Geneviève CATTA
La minute passe sur les épaules de ta voix

Laurence CHAUDOUËT
Éclats
Le cœur concilié

Christophe CONDELLO
Entre l'être et l'oubli

Aimée DANDOIS
Au plus creux du silence

Patrick DEVAUX
Baisers soufflés

Marcel DUGAS
Paroles en liberté

Au plus creux du silence

Ce volume est le no 13 de la Collection Magma Poésie.

Image de couverture :
Aimée Dandois, *Abysse*,
acrylique sur toile, 20 X 25 cm, 2021.

Pierre Turcotte Éditeur
10393, avenue Christophe-Colomb
Montréal (Québec) H2C 2V1
Canada

https ://www.pierreturcotte.com/

turcotte.pierre@gmail.com

www.ingramcontent.com/pod-product-compliance
Lightning Source LLC
LaVergne TN
LVHW050340160826
845677LV00014B/3698